Tiger

Chinesisch

Horoskop

2024

Alina A. Rubí und Angeline A. Rubí

Einführung

Der chinesische Kalender ist uralt und komplex und wurde nie vereinfacht. Viele Kulturen haben den Mondkalender durch den Sonnenkalender ersetzt.

Der chinesische, islamische und hebräische Kalender richten sich nach den Mondphasen. Es ist ein kompliziertes System, da sie nicht nur von Mondzyklen bestimmt werden, sondern auch den Sonnenzyklus, den Jupiter- und den Saturnzyklus einbeziehen.

Die Chinesen sind der Ansicht, dass die universelle Energie durch ein Gleichgewicht bestimmt wird. Das Konzept von Yin und Yang ist der wichtigste Bestandteil dieses Gleichgewichts. Yin ist das Gegenteil von Yang und umgekehrt, aber zusammen ergeben sie ein völliges Gleichgewicht. Diese Energie findet sich in allem, was

existiert, im Greifbaren und im Ungreifbaren.

Das Ying/Yang-Symbol ist in zwei Hälften geteilt, eine ist schwarz (Yin) und die andere weiß (Yang). Beide Teile sind in der Mitte durch eine Ellipse verbunden, die sie zu einer Kurve zusammenfügt. Ihre Farben, Schwarz und Weiß, bedeuten, dass es eine Dualität gibt und dass die Existenz des einen unbestreitbar die Existenz des anderen voraussetzt.

Im Inneren des Yin befindet sich ein Yang-Kreis, der symbolisiert, dass Dunkelheit immer Licht erfordert. Innerhalb des Yang finden wir einen Yin-Kreis, der anzeigt, dass wir innerhalb des Lichts immer Dunkelheit finden werden.

Die Ellipse, die sie miteinander verbindet, bedeutet, dass alles fließt, sich wandelt und entwickelt. Wenn eine dieser beiden Energien, Yin oder Yang, im Ungleichgewicht ist, ist unser Leben nicht ausgewogen, denn gemeinsam stärken sie sich gegenseitig. Wir sollten nie denken, dass eine Energie der anderen überlegen ist, beide müssen gleichermaßen zusammenwirken.

Leider gibt es in unserer Gesellschaft die Tendenz, die Yang-Energie zu bevorzugen, weil wir glauben, dass ihre Eigenschaften die wichtigsten sind.

Dadurch schaffen wir eine Trennung zwischen der spirituellen und der materiellen Ebene, denn indem wir den Wert der Yin-Energie herabsetzen, sind wir weniger nachdenklich und denken, dass Empfänglichkeit etwas Negatives ist, da sie Zerbrechlichkeit impliziert.

Das Gleiche geschieht mit der Dunkelheit, wir meiden sie nicht nur, sondern haben Angst vor ihr. Beide Energien sind wichtig. Wir können nur dann spirituelle Wesen sein, wenn es ein Gleichgewicht zwischen Yin und Yang gibt, denn wir sind nicht nur Licht, sondern auch dunkel. Es ist ein Fehler, das Starke, die Aktion, zu schätzen und zu bevorzugen. Wir müssen das Weibliche und die Sensibilität schätzen und wertschätzen, denn nur so können wir das wahre Gleichgewicht unseres Wesens erreichen, aus einer Position der Liebe und der Festigkeit.

In den Zeichen des chinesischen Tierkreises sind die Yin- und Yang-Energie vorhanden, und sie sind es, die die Eigenschaften jedes Tieres und die mit ihnen verbundenen Elemente bestimmen.

Die Yin-Energie ist mit dem Dunklen, Kalten, Weiblichen, Abstrakten, der Tiefe und dem Mond verbunden. Yin-Zeichen sind *nachdenklich, sensibel und neugierig. Sie sind der Ochse, der Hase, die Schlange, die Ziege, der Hahn und das Schwein.*

Die Yang-Energie ist mit Licht, Wärme, Oberflächlichkeit, der Sonne und logischem Denken verbunden. Es sind impulsive und materialistische Zeichen. Sie sind Ratte, Tiger, Drache, Pferd, Affe und Hund.

Die Yin- und Yang-Energien sind mit den Elementen verbunden, die sich wiederum aus den Jahren ableiten, in denen sie auftreten. Jedes Element verfügt über Yin- und Yang-Energie.

- *Die Jahre, die auf die Zahl **0** enden, haben das Element Metall und sind mit der Yang-Energie verbunden.*

- *Die Jahre, die mit der Zahl **1** enden, haben das Element Metall und sind mit der Yin-Energie verbunden.*

- *Jahre, die auf die Zahl **2** enden, haben das Element Wasser und sind mit der Yang-Energie verbunden.*

- *Jahre, die auf die Zahl **3** enden, haben das Element Wasser und sind mit der Yin-Energie verbunden.*

- *Die Jahre, die mit der Zahl **4** enden, haben das Element Holz und sind mit der Yang-Energie verbunden.*
- *Jahre, die auf die Zahl **5** enden, haben das Element Holz und sind mit der Yin-Energie verbunden.*

- *Die Jahre, die mit der Zahl **6** enden, haben das Element Feuer und sind mit der Yang-Energie verbunden.*

- *Die Jahre, die mit der Zahl **7** enden, haben das Element Feuer und sind mit der Yin-Energie verbunden.*

- *Die Jahre, die mit der Zahl 8 enden, haben das Element Erde und sind mit der Yang-Energie verbunden.*

- *Die Jahre, die mit der Zahl 9 enden, haben das Element Erde und sind mit der Yin-Energie verbunden.*

Allgemeine Vorhersagen für das Jahr des Drachen

Am 10. Februar 2024 beginnt das sensationelle Jahr des grünen Holzdrachen, und nach der chinesischen Astrologie symbolisiert Grün Leben, Veränderung und Wachstum. Der zugehörige Planet ist Jupiter, ein Planet, der nützlich ist; wir werden die Früchte ernten, die 2023 gesät wurden.

Das Jahr des Drachen 2024 wird uns Glück, Wohlstand, Wohlergehen und Fortschritt bringen. Wir werden viele Möglichkeiten für

Wachstum und Transformation haben, aber auch Herausforderungen und Komplikationen, die die Notwendigkeit von Vergebung, Einfühlungsvermögen und friedlichen Entscheidungen betonen.

In den Jahren, in denen das Element Holz ist, belohnt das Leben Menschen, die gesellig und professionell sind. Die Erlangung eines Abschlusses oder Reisen sind einige der Möglichkeiten in diesem Jahr.

Wir werden die Gelegenheit haben, unsere Führungsqualitäten zu entwickeln. Dies ist ein Jahr für Neuanfänge und für die Schaffung von Strukturen, die langfristig Bestand haben werden. Dieses Jahr des Drachen ist günstig für Veränderung und Wachstum, denn die Energie des hölzernen Drachens besitzt die Fähigkeit, innovative Ideen zu inspirieren und unsere Vorstellungskraft zu beflügeln.

Wir werden einige Phasen durchleben, die voller Schwierigkeiten sind, aber das sind die Momente, in denen wir die Energie des Drachens nutzen müssen, um erfolgreich zu sein und die Herausforderungen zu überwinden.

Vergessen Sie in diesem Jahr nicht, dass der Drache den Wandel und die Anpassungsfähigkeit verkörpert, Eigenschaften, die uns helfen werden, zu wachsen und uns zu erneuern.

Das Jahr 2024 wird ein arbeitsreiches Jahr mit vielen Entwicklungsmöglichkeiten sein. Wir werden viele politische, wirtschaftliche, Beziehungs- und Umweltkonflikte erleben, die deutlich machen, dass friedliche Lösungen die Antwort auf jedes Problem sind.

Dieses Jahr wird uns anregen, neue Geschäfte zu machen und uns in der unternehmerischen Welt weiterzuentwickeln, denn die Energie des Drachen und seine

Eigenschaften, mutig und ehrgeizig zu sein, werden uns inspirieren.

 Wir werden viele Anpassungsfähigkeiten entwickeln, und Geduld und Beharrlichkeit werden es uns ermöglichen, alle Widrigkeiten zu überwinden und dem Triumph entgegenzugehen.

Dies ist auch ein günstiges Jahr, um an unserem geistigen Wachstum zu arbeiten; es ist besonders wichtig, dass wir unsere Ziele im Auge behalten.

Zusammenfassend lässt sich sagen, dass es ein Jahr mit positiven Veränderungen und bedeutenden Fortschritten in unserem Leben sein wird, in dem wir die Möglichkeit haben werden, Liebe zu finden, eine Beziehung zu stärken und wirtschaftlichen und geistigen Wohlstand zu haben.

Ursprung des chinesischen Horoskops

Das chinesische Horoskop hat eine mehr als 5000 Jahre alte Tradition und basiert auf dem Mondjahr.

Der Legende nach rief Buddha alle Tiere, doch nur zwölf folgten seiner Aufforderung in folgender Reihenfolge: die Ratte, der Ochse, der Tiger, das Kaninchen, der Drache, die Schlange, das Pferd, die Ziege, der Affe, der Hahn, der Hund und das Schwein.

Jedes Tier erhielt ein Jahr geschenkt und bildet den Zwölfjahreszyklus, der in der chinesischen Astrologie verwendet wird. Daher hat jedes Zeichen den Namen eines Tieres, und jedem Tier entspricht ein Jahr.

Jedem Tier wurde außerdem eines der fünf Elemente zugeordnet, die den planetarischen Energien entsprechen:

- *Element Wasser (Planet Merkur)*
- *Element Metall (Planet Venus)*
- *Element Feuer (Planet Mars)*
- *Element Holz (Planet Jupiter)*
- *Element Erde (Planet Saturn)*

Das chinesische Horoskop drückt die Analogie der kosmischen Energien bei jedem Menschen aus. Aus diesem Grund wird die Energie jedes Menschen durch eines der zwölf Tiere repräsentiert, die dieses Tierkreiszeichen-System bilden.

Jedes Tier und die Energie, die Ihnen entspricht, werden durch Ihr Geburtsdatum bestimmt. Diese Energien bestimmen dein Verhalten und wie du die Welt wahrnimmst.

Für die Chinesen symbolisieren diese Zeichen die bemerkenswertesten Eigenheiten unseres Charakters. Um die Bedeutung der Tiere richtig zu verstehen, müssen wir sie als spirituelle Symbole sehen.

Das chinesische Horoskop basiert nicht auf dem Sonnenzyklus, auf dem das westliche Horoskop basiert. Es basiert auf den Zyklen des Mondes.
Jedes Mondjahr hat zwölf Neumonde und alle zwölf Jahre einen dreizehnten, so dass ein neues Jahr nie mit dem Datum des vorherigen Jahres zusammenfällt.

Die zwölf Tiere des chinesischen Horoskops beeinflussen das Leben, das Glück und den Willen eines jeden Menschen. Diese

Qualitäten zeigen sich nicht offen im täglichen Leben, aber sie sind immer präsent und wirken in Form von verborgenen Kräften.

Die chinesische Periode von zwölf Jahren ist mit dem Transit des Planeten Jupiter verbunden, und jedes chinesische Mondjahr entspricht in der westlichen Astrologie der Dauer des Jupiter-Transits durch ein Tierkreiszeichen.

Jupiter steht in der westlichen Astrologie immer in dem Zeichen, das traditionell dem Tier im chinesischen Horoskop entspricht.

Holz. Chinesisches Element des Jahres 2024

Das Element des Jahres 2024 ist Holz. Holz ist ein kreatives Element. Wenn dieses Element aufgrund deines Geburtsjahres auf dich zutrifft, solltest du diese Energien kreativ kanalisieren.

Holz symbolisiert Mitgefühl und Toleranz. Wenn Sie sich diese Energien zunutze machen wollen, ist es wichtig, sich das ganze Jahr über mit natürlichen Pflanzen, Blumen und grünen Gegenständen zu umgeben.

Holz ist ein Element, das mit der Fähigkeit zu projizieren und Entscheidungen *zu treffen in Verbindung steht, daher wird das Jahr 2024 ein Jahr der Entwicklung, der Evolution und des Aufblühens sein.*

Dieses Element steht in Verbindung mit Verdauung, Atmung, Herz und Stoffwechsel und sorgt in der traditionellen chinesischen Medizin für einen kontinuierlichen Energiefluss. In Bezug auf die Gefühle bedeutet dies, dass wir unsere Emotionen richtig ausdrücken.

Holz wird uns im Jahr 2024 helfen, Bewusstsein und Verständnis für die objektive Realität zu gewinnen. Es wird uns Festigkeit und Einfühlungsvermögen in unseren Beziehungen bringen.

Holz, das mit unserer Persönlichkeit zusammenhängt, bringt uns die richtige Dosis an Enthusiasmus, Entschlossenheit und Dynamik, damit wir handlungsfähig sind und uns allen Herausforderungen dieses Jahres stellen können.

Holz ist das Element, das wir in diesem Jahr brauchen, um die notwendigen Entscheidungen treffen zu können, für Veränderungen, die wesentlich sind.

Dank dieses Elements werden wir über die richtigen Strategien und die Fähigkeit verfügen, alle Prozesse zu organisieren und zu kontrollieren, aber wir werden auch flexibel bleiben.

Die Bedeutung der Elemente im chinesischen Horoskop

Metall

Menschen, die in den Jahren geboren sind, die im chinesischen Horoskop auf 0 oder 1 enden, werden dem Metallelement zugeordnet. Metall, das Material, aus dem Schilde und Schwerter hergestellt werden, ist das Element, das Festigkeit und Ehrlichkeit, aber auch Strenge symbolisiert.

Metall ist das Element des Herbstes, der Jahreszeit der Ernte und des Überflusses. Es ist dual wie die Funktionen seines Elements, denn in Form eines Schwertes verflüssigt es, und als Löffel nährt es. Metall kommt aus der Erde, wird vom Feuer beherrscht und verklärt Holz.

Die Persönlichkeit dieser Personen, die dem Metallelement angehören, ist in der Regel sehr ambivalent. Am besten geht es ihnen, wenn sie allein sind, da sie niemandem Rechenschaft ablegen müssen.

Sie sind entschlossen, bestimmen ihr Schicksal selbst, sind stur, professionell und gleichgültig gegenüber jedem Versuch eines Kompromisses. Ihre Freiheit steht an erster Stelle, und es ist sinnlos, sie unter Druck zu setzen, geschweige denn ihnen zu helfen, denn sie hören auf niemanden und akzeptieren keine Einmischungen und Behinderungen. Sie verlassen sich nur auf sich selbst und lassen sich von niemandem beeindrucken, denn sie sind mächtig und fähig, Großes zu leisten.

Für sie gibt es keine Schwierigkeiten, die sie aufhalten können, und selbst wenn eine Situation unhaltbar wird, leisten sie bis zum

Ende Widerstand. Sie sind ehrgeizig und berechnend, sie lieben Geld, Macht und Erfolg und werden keine Mittel scheuen, um ihre Ziele zu erreichen, auch wenn das bedeutet, dass sie Beziehungen zerstören.

Sie eignen sich für Berufe, in denen sie ihr Element zum Ausdruck bringen können: Juweliere, Finanziers, Versicherungen jeglicher Art, Schlosser, Bergleute, Chirurgen, und für alle Bereiche, in denen sie sich von anderen unterscheiden können. Sie können auch in Berufen erfolgreich sein, die mit Holz oder Papier zu tun haben. Berufe, die mit Wasser zu tun haben, sind vorteilhaft, Berufe, die mit Erde zu tun haben, können zu Konflikten führen, und von Berufen, die mit dem Element Feuer zu tun haben, sollten sie sich fernhalten.

Sie sind nicht an Gefühlen interessiert und lassen sich von den Schwierigkeiten anderer nicht beeindrucken, bis hin zur Manipulation, wenn sie sich einen Vorteil verschaffen können. Die Leidtragenden sind vor allem die Menschen des Holzelements, da es sie mit Frontalangriffen manipuliert und unterdrückt. Die Menschen des Wasserelements hingegen erhalten, da sie aufnahmefähig sind, einen wirksamen Anstoß, von dem sie enorm profitieren.

Die einzigen, die sie wirklich beugen können, sind Personen, die dem Feuerelement angehören, denn sie beherrschen ihre Unempfindlichkeit und Strenge mit einer ansteckenden Emotion.

Physisch erkennt man eine Person des Metallelements an ihrem traurigen Blick und der blutarmen Gesichtsfarbe.

Sie ist empfindlich, anfällig für Stress und kann durch Temperaturschwankungen und schlechte Ernährung beeinträchtigt werden. Deshalb sollten Sie ihren Appetit anregen, wobei Sie würzige Speisen bevorzugen sollten.

Die günstigste Jahreszeit für sie ist der Herbst, und in dieser Zeit können sie ihr Potenzial voll entfalten, was jedoch nicht bedeutet, dass sie es übertreiben oder stur sein sollten.

Er muss weiße Kleidung tragen, Metalle und weißen Quarz als Amulette verwenden.

Metall ist starr und unnachgiebig und hat keine Angst vor Gefahren. Es ist eine unabhängige Art von Person, die von Gier getrieben, geht mit Ausdauer, konzentriert sich auf den Erfolg, Pläne, und verabscheut die spontane.

Wenn es einmal einen Weg eingeschlagen hat, ändert es ihn nicht mehr. Trotz ihrer äußeren Unempfindlichkeit strahlen Menschen dieses Elements eine Anziehungskraft aus, die von allen, mit denen sie in Verbindung stehen, wahrgenommen wird.

Um von ihren Fähigkeiten zu profitieren, müssen sie jedoch lernen, weniger dogmatisch zu sein, da dies ihre Beziehungen beeinträchtigt.

Menschen, die im Metallelement geboren sind, sollten sich weiterbilden, damit sie ihre Gefühle ausdrücken können.

Wenn sie dies nicht tun, werden sie spüren, dass ihre Energien schwinden.

Erde

Menschen, die in den Jahren geboren sind, die auf die Zahlen 8 oder 9 enden, gehören dem Erdelement an. Diesem Element entsprechen die Eigenschaften der Standhaftigkeit, der Ausdauer und der Fruchtbarkeit. Obwohl die Erde in der chinesischen Astrologie keine eigene Jahreszeit hat, ist sie im Kalender mit den letzten zwei oder drei Wochen der anderen Jahreszeiten verbunden.

 Erde ist das Element, das für Stabilität und Greifbarkeit steht, aber bei einem Übermaß verwandelt es die Menschen in vorsichtige, misstrauische und starrköpfige Menschen *und schränkt ihre Initiativen und Fantasien ein.*

Der Mensch des Erdelements ist geduldig und bescheiden, arbeitet immer mit Beständigkeit, ohne sich einen Augenblick der Freude oder Unordnung zu gönnen. Er wird nie müde und kann ebenso eifrig und materialistisch wie naiv und umsichtig sein. Sein unbestreitbarstes Merkmal ist seine ausgeprägte Entmutigung. Er ist zu ernst, liebt es zu planen und zu lenken, ist entsetzt über Zufälle, und obwohl er intelligent ist und ein außergewöhnliches Gedächtnis hat, stört es ihn, glanzvoll zu erscheinen.

Sie ist unersättlich nachdenklich, ehrgeizig und ängstlich und damit der Gefahr ausgesetzt, die Milz aufzuladen, ein Organ, das mit diesem Element zusammenhängt und das geschwächt ist, wenn der Mensch eine scharfe Mentalität hat.

Die Person, die zu diesem Element gehört zementiert persönliche Beziehungen allmählich, sondern hält für eine lange Zeit. Es ist sehr hingebungsvoll und Verteidiger in der Liebe, immer bereit, Vertrag und erfüllen ihre Verantwortung, und obwohl es nicht demonstrativ in ihren Gefühlen ist eine Schulter, die immer aufgezählt werden kann, weil es an Ihrer Seite in den Momenten, die Sie brauchen es sein wird.

In ihrer Arbeit sind sie seriös und zurückhaltend, aber auch organisiert und verlässlich. Sie sind die richtigen Leute, um Geschäfte mit Moral, Strenge und feuerfester Ehrlichkeit zu führen. Ihr Verstand macht sie zu unschlagbaren Vermittlern in den Problemen, die mit ihren eigenen praktischen und günstigen Ausgängen dazu beitragen. Sie sind für Berufe geeignet, die Geschicklichkeit erfordern, aber keine Initiative oder Führungsaufgaben beinhalten.

Obwohl sie wegen ihrer Launenhaftigkeit und Nostalgie und ihrer Unfähigkeit,

fröhlich zu sein, nicht leicht zu ertragen ist,
verbindet sie sich gut mit dem
Metallelement, dem sie Stabilität verleiht,
und mit dem Wasser, das sie geschickt zu
bändigen und zu lenken weiß.
Es hat normalerweise Konflikte mit dem
Holzelement, da es zwar schützt, aber
manchmal auch erstickt, und mit dem Feuer,
das es sowohl antreibt als auch schwächt.

Das Erdelement ist mit dem Planeten Saturn
verbunden. Sie müssen unglaublich
vorsichtig mit dem Verzehr von Süßigkeiten
sein, etwas, das Sie lieben, da es mit Ihrem
Element verbunden ist.

Sie sollten immer die natürliche Süßigkeit
wählen und die Verwendung von weißem
Zucker einschränken, da dieser das Kalzium
in ihrem Knochensystem zerstört.

Seine andere Schwachstelle ist der
Verdauungstrakt, der ihn in der Regel stark
belastet, weshalb er eine leichte und leicht
verdauliche Kost zu sich nehmen sollte. Es

wird empfohlen, dass er den direkten Kontakt mit Mutter Erde sucht, indem er barfuß im Sand oder auf dem Feld läuft.

Seine Glücksfarbe ist gelb, und sein Quarz ist Topas und Citrin.

Die Erde steht für Wohlstand, Vernünftigkeit, Materialismus und Sicherheit. Diese Menschen neigen dazu, introspektiv zu sein, was ihnen eine große Fähigkeit zum Denken verleiht. Die Erde ist das Gefäß des Lebens und diese Siegel der unauslöschlichen Form zu denen unter dem Einfluss dieses Elements geboren, da sie stabile Menschen, in denen Sie delegieren können, sind.

Die Erde nährt sich vom Feuer und erzeugt eine große Energie, die Metall erhitzt und schmilzt, Wasser bändigen und von Holz verzehrt werden kann.

Um sich wohlzufühlen, braucht der Mensch des Erdelements materielle

Sicherheit, obwohl er fleißig, formal und organisiert ist.

Man kann ihnen vorwerfen, dass sie überheblich sind, aber aufgrund ihrer Verdienste nähern sie sich langsam ihren Zielen und erzielen stabile Ergebnisse.

Feuer

Menschen, die in den Jahren geboren sind, die auf 6 oder 7 enden, entsprechen dem Feuerelement. Zu diesem Element gehören Leidenschaft, Mut und Führung. Das Feuerelement ist das Element der Sommersaison, in der alles seine Früchte trägt und seine Vollendung findet. Es ist mit dem Planeten Mars verbunden, der wohltuend, aber manchmal impulsiv ist. Es ist übermäßig steril und symbolisiert die Person, die sich auszeichnet, aber auch andere schlecht behandelt. Kämpferisch, eitel und reizbar, geht die Person dieses Elements von Wut zu ungezügelter Freude über.

Seit seiner Kindheit hat er eine Führungspersönlichkeit, Ehrgeiz ist in seinem Leben präsent, er liebt Gefahren, Lachen, Begeisterung und Konflikte. Schwierigkeiten entmutigen ihn nicht, sondern spornen ihn an, weiterzumachen, und in diesen Fällen durchläuft er eine heftige Metamorphose.

Diese Menschen wurden geboren, um zu gewinnen, aber sie wissen nicht, wie sie es zugeben sollen, weil sie es nicht schaffen, sich selbst zu beobachten und ihre Energien zu nutzen. Sie sind großartig im militärischen Bereich, im Sport und als Chefs, da die anderen vor ihrem Charisma untergehen.

Sie verstehen es, die Energien des Holzelements zu nutzen, indem sie ihre Genialität in ihren Dienst stellen und in den Menschen des Erdelements den lebenswichtigen Mut zum Vorwärtsgehen wecken.

Menschen, die dem Wasserelement angehören, neigen dazu, ihre Leidenschaft auszulöschen, und Menschen, die dem Metallelement angehören, stellen sie mit einer Starrheit auf die Probe, die ihr Energiefeld auslaugt.

Das am leichtesten geschädigte Organ bei diesen Menschen ist das Herz, es besteht die Möglichkeit einer Tachykardie. Darüber hinaus können sie unter Ohren- und Darmproblemen leiden. Sie sollten Kleidung in hellen Farben tragen, unter denen Rot überwiegt, und als Amulette Quarze wie Granate und Hämatit verwenden. Sie sollten auch Weihrauch und Kerzen verwenden.

Diese charismatischen, enthusiastischen und opportunistischen Menschen kommunizieren gut und sind handlungsorientiert. Ihr Egoismus und ihr Wunsch nach Erfolg sind unberechenbar und sie verlassen sich nur auf ihre eigenen

Ansichten. Sie neigen dazu, Details zu vernachlässigen, da sie manchmal stur sind und sich Ziele vornehmen, die intensive Arbeit erfordern.

Menschen, die unter dem Einfluss des Feuerelements geboren sind, sind positiv, geben immer ihr Bestes und engagieren sich in allem, was sie tun, mit Liebe und Willen. Ihre Energien dienen dazu, diejenigen um sie herum zu unterstützen, denen es daran mangelt.

Das Feuer heizt das Haus, es ermöglicht uns die Zubereitung von Speisen. Dieses Element nährt die Erde durch die Asche, es ernährt sich von trockenem Holz, seine Hitze beherrscht das Metall, das heißt, sie macht es biegsam, und es kann nur von Wasser beherrscht werden.

Eine Führungspersönlichkeit hat immer ein Übermaß an Feuerelementen und neigt dazu, schnelle Entscheidungen zu treffen. Er fühlt sich zu unkonventionellen Ideen hingezogen, hat keine Angst vor Gefahren und ist immer in Bewegung.

Es ist wichtig, dass Sie lernen, emotionale Intelligenz zu besitzen, denn Arroganz kann Ihren Egoismus verstärken und Sie unkontrollierbar machen, besonders wenn Sie auf Hindernisse stoßen.

Dieser selbstzerstörerische Stil ist bei Jugendlichen besonders ausgeprägt.

Der Erfolg begleitet die Menschen des Feuerelements, aber sie müssen übermäßig vorsichtig mit Instabilität und Unruhe sein, die die häufigsten Unzulänglichkeiten der unter Feuer Geborenen sind.

Es ist besser, diese Fehler zu beherrschen, um nicht von ihnen versklavt zu werden.

Sie sollten sich einen ruhigen Ort suchen, an dem sie zur Ruhe kommen können, und auch Meditation wird sie ins Gleichgewicht bringen.

Menschen mit dem Feuerelement sind hartnäckig und lukrativ.

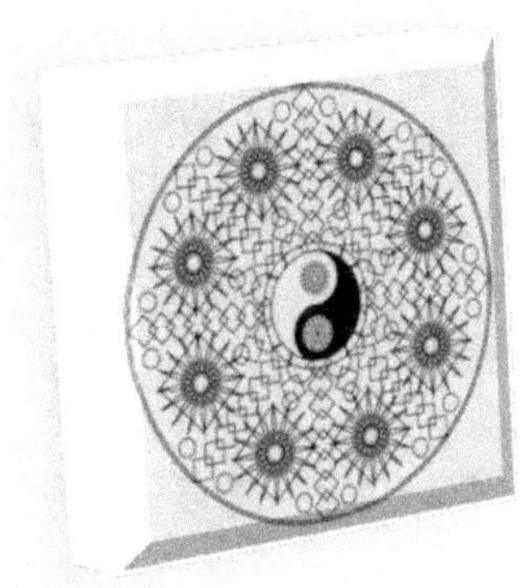

Holz

Menschen, die in den Jahren geboren sind, die auf die Zahlen 4 oder 5 enden, gehören dem Element Holz an. Holz ist das Element, das Harmonie, Schönheit und Kreativität symbolisiert.

Sie haben ein hohes Maß an Selbstvertrauen und einen eisernen Willen, was sie zu den richtigen Leuten macht, um für eine gerechte Sache zu kämpfen.

Holz ist mit dem Planeten Jupiter verbunden, es ist das wohltuendste der Elemente, Symbol für Beständigkeit und

Wissen. Es ist anpassungsfähig, lässt sich gut biegen und ist vielseitig einsetzbar. Es charakterisiert kommunikative, großzügige und ehrliche Menschen.

Menschen mit dem Holzelement sind kreativ und vital, aber manchmal sind sie verstreut und nicht in der Lage, ihren Weg zu finden und ihre Ziele zu erreichen.

Sie vertrauen ihren Mitmenschen bis zur Unschuld und gehen gerne mit allen auf Tuchfühlung, wobei sie immer neue Dinge entdecken, die sie preisgeben und sich selbst befriedigen können. Sie fühlen sich zur Natur und zu Kindern hingezogen und geben der Familie den Vorrang.

Gelegentlich neigen sie dazu, unrealistische Erwartungen zu stellen, ihren Körper herabzusetzen, übermäßig viel zu essen und sich in Leidenschaft und Sinnlichkeit zu verlieren.

Sie sind daran gewöhnt, Partner aus dem Wasserelement zu wählen, von denen sie Mut und Unterstützung erhalten, und solche aus dem Feuerelement, die sie mit ihren brillanten Ideen unterstützen.
Es verträgt sich nicht sehr gut mit dem Metallelement, das es gnadenlos zerstört.

Das Element Holz erkennt man an seiner grünlichen Farbe. Diese Menschen sollten sich um ihre Augen kümmern.

Holz wird verwendet, um Unterkünfte zu bauen, weshalb es uns schützt. Holz deckt sich mit der Kreativität des Wassers, und dank dieser Eigenschaft verstehen und helfen sie anderen.

Diejenigen, die unter dem Holzelement geboren sind, haben innere Konflikte, sich Regeln und Traditionen zu unterwerfen, bei denen ständig strenge Urteile gelten.

Dieses Element nährt das Wasser und ist gleichzeitig Brennstoff für das Feuer. Seine

Energie wird von der Erde aufgesaugt und vom Metall unterworfen.

Menschen des Elements Holz erringen immer große Erfolge und haben eine begehrte Struktur. Ihre Berufe sind vielseitig.

Sie legen großen Wert auf Integrität und streben danach, einen festen Platz im Leben zu finden. Der Glaube an den Erfolg und ihre analytischen Fähigkeiten geben ihnen die Fähigkeit, sich ohne Zögern den komplexesten Problemen zu stellen. Mit einer unglaublichen Überzeugungskraft wirken sie in vielen Bereichen, da sie stets auf Entwicklung und Veränderung abzielen.

Ihr natürlicher Wille hilft ihnen, voranzukommen, und sie finden immer Unterstützung und das nötige Kapital, da andere Menschen auf ihre Fähigkeit zählen, Ideen in Wohlstand zu verwandeln.

Sein Haupthindernis besteht darin, die Dinge auf die Spitze zu treiben. Wut und zurückhaltender Zorn wirken sich negativ auf die Energien dieses Elements aus. In der Nähe von Bäumen zu sein und sie zu berühren, gleicht das Holzelement aus.

Bei der Arbeit sind Menschen, die dem Holzelement angehören, geordnet, intelligent und einfallsreich.

Bei kommerziellen Aktivitäten sind sie fruchtbarer, wenn die Arbeit im Team erfolgt und gut strukturiert ist.

Kein Arbeitsbereich, der mit ihrem Element zu tun hat, ist ungünstig, aber diejenigen, die mit Feuer zu tun haben, können sie beeinträchtigen, und diejenigen, die mit Metall zu tun haben, werden sie ruinieren.

Wasser

Das unempfindlichste und gefühlloseste Element, das mit dem Winter, der Langlebigkeit und dem Planeten Merkur verwandt ist, ist der Herrscher der Kommunikation und der tiefen Zuneigung.

Ein Mensch mit dem Element Wasser ist sensibel, aber hermetisch. Er ist barmherzig, gefühlvoll und zerbrechlich, hasst Kritik und handelt daher lieber im Verborgenen, um sich zu schützen.

Er ist herzlich, wortgewandt und gleichzeitig besonnen und versteht es, Rückschläge zu überwinden, ohne sich aufzuspielen, mit Gerissenheit, Scharfsinn und Ausdauer. Auf diese Weise erreicht er seine Ziele indirekt und im Stillen, wobei er den Eindruck erweckt, rücksichtsvoll und verständnisvoll zu sein.

Energiemangel ist ein Problem für das Wasserelement, wenn es nicht lernt, seine Ohnmacht mit der Kraft auszugleichen, die aus der Reflexion und der Kommunikation mit den tiefsten Teilen seines Wesens kommt. Panik ist immer die Leitschnur seines dramatischen Lebens, das oft in der Dunkelheit gelebt wird, aus Angst, sich zu zeigen und zu kämpfen.

Auf beruflicher Ebene sind sie wegen der Konkurrenz selbstbewusst, aber sie leisten gute Arbeit an klaren und geschützten Orten, wie Schulen, Buchhandlungen, Redaktionen oder überall dort, wo Kommunikation, mündlich oder schriftlich, der primäre Mechanismus ist, und in der Gesellschaft von friedlichen Kollegen, die zu ihrer Persönlichkeit passen, wie zum

Beispiel jemand aus dem Holz-Element, mit dem der Wunsch nach Weisheit zusammenfällt, oder mit dem Metall, von dem sie Entscheidungen erhalten.

Im Gegenteil, sie passt sich weder an das Feuerelement an, das sie auslöscht und entmutigt, noch an Personen, die dem Erdelement angehören, bei denen sie sich eingeschränkt, konditioniert und behindert fühlt.
Schwarz ist die Farbe, die sie bevorzugen, aber sie sollten sie nur in Maßen verwenden, weil sie sie eher entmutigt.

Das Gleiche gilt für dunkle Quarze, die das Glück anziehen, wie Jet, Onyx und Turmalin. Um den besten Gebrauch von ihren Qualitäten zu machen, ohne in die Extreme zu gehen, und nicht zu zerstreuen, sollte die Person des Wasser-Element seine Pläne im Winter beginnen.

In positiven Perioden vermitteln die Liebesbeziehungen dieses Elements Zärtlichkeit, Gleichmut und Vorsicht, Potentiale, die es ihnen ermöglichen, sich mit der nötigen Klugheit zu verhalten, um die Ursachen ihrer Konflikte zu beseitigen, wenn sie auftreten.

Sie haben ein unglaubliches Denkvermögen, obwohl ihre zurückhaltende, tiefe und wolkige Persönlichkeit sie zu Melancholie neigen lässt. Sie zeigen auch einen Mangel an Sicherheit und Kühnheit. Kreativität ist eine der Haupteigenschaften dieses Elements, ebenso wie Anpassung, Sanftmut, Barmherzigkeit und Mitgefühl.

Ohne Wasser gäbe es keine Lebewesen auf der Erde, dieses Element ist rein und kristallin, Eigenschaften, die diejenigen haben, die zu diesem Element gehören.

Menschen, die diesem Element angehören, sind leutselig und haben einen wunderbaren Einfluss auf andere. Sie haben eine originelle Intuition, die es ihnen ermöglicht, schnell zu erobern. Ausdauer und Klarheit geben ihnen die Möglichkeit, Ereignisse vorherzusagen.

Sie können die Fähigkeiten anderer wahrnehmen und sie wirksam inspirieren, aber sie sind diskret und lassen andere nicht merken, dass sie sie nutzen.

Missbräuche mit Natrium oder Alkaloiden und Lebensprototypen, die von den üblichen Strukturen abweichen, sind für Menschen, die unter dem Wasserelement geboren sind, sehr schädlich.

Die Einhaltung der Schlafzeiten, die Aufrechterhaltung einer entspannten geistigen und emotionalen Gesundheit und der Kontakt mit Wasser stellen Ihre Harmonie wieder her und optimieren Ihre Energien.

Diejenigen, die einem Wasserelementzeichen angehören, können Berufe ergreifen, die mit Holz und Feuer zu

*tun haben, und erfolgreich sein, Berufe
ausüben, die mit ihrem eigenen Element zu
tun haben, und Berufe, die mit Erde zu tun
haben, ablehnen, da Erde das Wasser
unterdrückt.*

Kompatibilität und Inkompatibilität

Kompatibel:

Ratte - Drache - Affe.

Sie stehen in Beziehung zueinander durch ihre Persönlichkeiten, die stets aktiv und freundlich sind. Alle drei sind fleißig, ungeduldig, enthusiastisch und rastlos und haben stets hohe Ziele vor Augen. Sie stecken voller Ideen, haben die nötige

Ausdauer und den Mut, sie umzusetzen und
bringen immer wieder innovative,
unerwartete, überraschende und kraftvolle
Lösungen hervor.

Tiger - Pferd - Hund.

Sie sind durch die Zufriedenheit verbunden,
die sie empfinden, wenn sie
zusammenarbeiten. Sie sind durch ihre
Bescheidenheit, ihre Würde, ihre Ehrlichkeit
und ihren hartnäckigen Altruismus
miteinander verbunden. Einfühlsam,
scharfsinnig und kommunikativ, wenn auch
ein wenig gewalttätig und streng, kämpfen
sie energisch gegen Ungleichheiten, Gewalt
und Illegalität. Diese drei Zeichen verkaufen
niemals ihr Gewissen.

Ochse - Schlange - Hahn.

Diese drei Zeichen eint ihre Förmlichkeit,
ihre Vernunft und die Ernsthaftigkeit, die sie

in ihrem Leben erreichen. Sie sind energisch, unternehmungslustig und unermüdlich, unflexibel in ihren Entschlüssen, überdenken und planen gerne in Ruhe, bevor sie Verpflichtungen eingehen, die sie später bereuen würden. Was ihnen fehlt, ist Kälte, denn für sie muss die Vernunft über die Gefühle siegen.

Kaninchen - Ziege - Schwein.

Drei emotionale Zeichen, die auch durch ihre Kreativität verbunden sind. Instinktiv, anfällig, sensibel und zurückgezogen, passen sie sich leicht an ihren Lebensraum an, und als gute Profiteure stört es sie nicht, von anderen abhängig zu sein. Ihre täglichen Aussagen beinhalten immer die Worte: Perfektion, Allianz und Konformität.

Hinweis: *Gegenüberliegende Zeichen sind gegenüberliegende Feinde:*

Ratte -Pferd

Ochse - Ziege

Tiger - Affe

Kaninchen - Hahn

Drache - Hund

Schlange - Schwein.

Tiger

Merkmale

Der Tiger ist ein Tier, das man bewundern muss. Sie können von den Menschen, die ihnen am nächsten stehen, verwöhnt werden, aber sie halten gerne Abstand. Manchmal sind andere, die sie bewundern, auch misstrauisch oder sogar eifersüchtig.

Ein Tiger liebt alles, was mit Bewegung zu tun hat, er ist nie ruhig, er handelt immer mutig und sucht den direktesten Weg, der ihn zu seinem Ziel führt. Sie achten nicht auf die Form, für sie ist nur die Geschwindigkeit wichtig.

Die Persönlichkeit des Tigers ist äußerst attraktiv, sie kommunizieren sehr gut und können Führungspersönlichkeiten sein.

Ein Tiger wählt in der Regel risikoreiche Berufe, lehnt ruhige Büroberufe ab oder Jobs, die viel Zeit erfordern, bevor ein Ergebnis erzielt wird. Sie werden ihre Ideen rechtfertigen, wann immer es nötig ist. Was sie an der Welt verabscheuen, werden sie hinausschreien und dafür kämpfen, sie zu verändern. Sie können weder Ungerechtigkeit noch diejenigen, die sich ihren Ideen widersetzen, ertragen.

Ihre Fähigkeit zu kämpfen, macht sie unermüdlich, und diese Tugend in der Liebe ist wunderbar. Das einzige Problem ist, dass sie, während sie dich lieben, aufhören können, dich zu lieben, weil sie ein bisschen launisch sind, und da sie Risiken und Abenteuer mögen, sind sie zum Ehebruch geneigt.

Sie sind nicht rachsüchtig, sie sind eifersüchtig, spontan, liebevoll, prächtig und besitzen einen einzigartigen Sinn für Humor. Tiger haben das Bedürfnis, sich auszudrücken, und wenn sie verzweifelt sind, brauchen sie Zuneigung, die transparent ist. Unbeständig zu sein, bedeutet, seiner unwürdig zu sein, und das führt nie zu den gewünschten Ergebnissen.

Egal wie melancholisch er aussieht, egal wie schwer die Verzweiflung ist, in der er sich gerade befindet, glauben Sie nicht, dass er jemals aufgeben wird.

Er hasst es, in Vergessenheit zu geraten, und seine beiden größten Schwächen sind Schnelligkeit und Unsicherheit; wenn es ihm gelingt, das Gleichgewicht zu finden, wird er ein Gewinner sein.

Sein Aussehen ist in der Regel aufmerksam, unschuldig und hell, deshalb bekommt er viele Komplimente. Aus diesem Grund denken Sie nicht einmal daran, sich über ihn lustig zu machen oder ihn unangemessen zu kritisieren, vergessen Sie nie, dass er schöne versteckte Nägel hat, die immer scharf sind.

Der Tiger ist sehr modebewusst und liebt es, sich stundenlang in Einkaufszentren zu vergnügen und sich in Friseursalons zu verschönern. Er ist sehr herablassend und verständnisvoll gegenüber seinen Kindern, Eigenschaften, die ihm die Fähigkeit verleihen, eine ausgezeichnete Beziehung zu ihnen zu haben.

Tiger sind romantisch, enthusiastisch und gefühlvoll. Sowohl Männer als auch Frauen sind übermäßig kontrollierend und in der Lage, Konflikte auszulösen, wenn sie verärgert sind.

Sie verstehen sich sehr gut mit dem Schwein, das das perfekte Gewürz für die Wut des Tigers sein wird und ihm Sicherheit gibt. Eine besonders gute Freundschaft wird der Tiger mit dem Hund haben, der ihn nicht nur zähmen, sondern auch zum Nachdenken bringen kann. Auch das Pferd wird ein ausgezeichneter Partner für den Tiger sein, da sie in vielen Lebenskonzepten übereinstimmen.

Die Ratte, die Ziege und der Hahn haben keine Schwierigkeiten, sich mit dem Tiger zu verbinden. Die Verbindung zwischen dem Tiger und dem Ochsen, der Schlange oder dem Affen ist nicht geeignet.

Tiger

Metall-Tiger

Metalltiger legen großen Wert auf ihr Familienleben, denn sie lieben es, in Frieden und Harmonie zu leben. Sie sind sehr enthusiastisch, aber auch zögerlich und stur, daher ist ihre innere Welt anders, als sie zu sein scheint.

Metalltiger wissen, dass Arbeit wichtig ist, aber sie vermischen sie nie mit Familienangelegenheiten. Sie sind nicht sehr ausdrucksstark, und man wird sie nur selten schmeichelnde Worte sagen hören. Trotzdem sind sie sehr gefühlvoll und tolerant gegenüber ihrem Partner.

Ihr größtes Hindernis ist, dass sie nie einen Rat von anderen hören, obwohl sie ihn wirklich brauchen.

Sie werden von der Macht magnetisch angezogen und werden bemerkenswerte Erfolge in der Regierungsarbeit erzielen, wenn sie mit Leidenschaft arbeiten.

Der Metall-Tiger ist freundlich zu seinen Kollegen, und als Ergebnis können sie eine Karriere, wo sie fließen kann, weil die Unterstützung erhalten.

Der Metalltiger ist ein großer Forscher, er ist sehr umgänglich, scharfsinnig und ausdauernd, er macht vor nichts Halt, bis er sein Ziel erreicht hat.

Aber wenn etwas schief geht, wird er unglaublich wütend. Dennoch kann Geduld den Metalltiger vor vielen Rückschlägen bewahren.

Der Metalltiger ist sehr gesprächig. Er ist immer gerne aktiv, manchmal mit schlechter Laune.

Obwohl er versucht, ein beeindruckendes Image aufrechtzuerhalten, ist er individualistisch und eitel, liebt den Wettbewerb und kann hartnäckig arbeiten, wenn er begeistert ist.

Wassertiger

Der Wassertiger hat eine besondere Fähigkeit, sich Neues anzueignen, und er ist ein Experte auf dem Gebiet der Kunst.

Sie haben ein hohes Selbstwertgefühl und akzeptieren fast nie die Empfehlung anderer. Trotzdem ist es unwahrscheinlich, dass sie scheitern, was oft Neid auf sich zieht.

Wassertiger werden in ihrem Leben mehr erreichen, wenn sie so freundlich sind, ihre Freunde um Hilfe zu bitten. Sie sollten vorsichtig sein, wenn sie wichtige Entscheidungen treffen und mit den Notfällen des Lebens umgehen. Sie sollten nicht so vertrauensvoll sein, sonst werden sie große Enttäuschungen erleben.

Wassertiger sind herzlich, haben einen hartnäckigen Verstand und rationales Denken, sie lieben das Unerforschte. Sie lassen sich auch in schwierigen Situationen nicht so leicht aus der Ruhe bringen, denn sie haben eine unglaubliche Klarheit im Denken. Wenn etwas passiert, das sie aus ihrem Rhythmus bringt, überstürzen sie nichts und planen ihre Gedanken auf kalkulierte und kalte Weise, was ihr Selbstwertgefühl steigert.

Aufrichtig und immer bereit, neue Ideale und Lektionen zu akzeptieren, hat der Wassertiger die Gabe, alles unvoreingenommen zu betrachten. Wasser mildert den Charakter des Tigers, indem es ihm die Fähigkeit verleiht, klar zu sehen, wo die Wahrheit liegt und wo die Täuschung.

Dieser Tiger ist sensibel für die Gefühle anderer. Ihr feines Gespür und ihre Gewitztheit, auf andere zuzugehen, bieten ihnen die Möglichkeit, erfolgreich Berufe im Bereich des Journalismus oder der Öffentlichkeitsarbeit zu erlernen.

Er ist ein realistischer Tiger, der seine Emotionen unter Kontrolle hat und für die Gefühle anderer Menschen empfänglich ist.

Er führt seine Geschäfte in einer spezialisierten Art und Weise, irrt sich selten und ist ein ausgezeichneter Prediger. Seine geistigen Fähigkeiten sind im Vergleich zum Durchschnitt privilegiert. Wie andere Tiger schiebt er oft etwas auf.

Er ist weniger impulsiv als andere Tiger, weil er seine Impulse zu kontrollieren weiß.

Hölzerner Tiger

Waldtiger sind kommunikativ und arbeiten gerne in Teams, um gemeinsame Ziele zu erreichen. Sie können ihre eigene Intelligenz nutzen und die richtigen Entscheidungen treffen, wann immer sie es sich in den Kopf setzen.

In der Regel achten sie jedoch nur auf den oberflächlichen Teil einer Situation und befassen sich nur selten mit ihren Grundsätzen, was zu verpassten Chancen führt.

Holztiger sind immer aktiv dabei, Aufgaben zu erfüllen, die ihre Fähigkeiten übersteigen, was manchmal in Misserfolg und Enttäuschung endet. Es wird dringend empfohlen, dass sie von der Weisheit anderer lernen, um bei der Arbeit nicht zu stolpern.

Der Holztiger hat ein besonders gutes Temperament, ist humorvoll und sehr lustig.

Dieser Tiger lässt sich leicht auf die Probleme anderer ein, um ihnen zu helfen, sie zu lösen.

 Er unterscheidet sich von den anderen Tigern durch seine Fähigkeit, zuzustimmen und die Äußerungen der anderen Menschen zu berücksichtigen. Er braucht ein wenig Festigkeit und Gelassenheit, wenn er schnell Früchte ernten will.

Er ist nicht gewalttätig wie andere Tiger und kann subtil sein. Er ist ein einfühlsamer Anführer, der in der Lage ist, Erklärungen zu geben und die Arbeit zu leiten, um die besten Ergebnisse zu erzielen.

Trotz alledem geht er manchmal keine Verpflichtungen ein.

Der Holztiger ist auch bei seinen Unterhaltungen sehr förmlich. Wie die anderen Tiger hat er wenig Fähigkeit zur Selbstdisziplin und sollte nie mehr annehmen, als er verdauen kann.

Er genießt Freundschaft und Kameradschaft, braucht aber Freiheit und würde sich mit einem besitzergreifenden, anhänglichen und emotional fordernden Partner nicht wohl fühlen.

Er ist sehr großzügig und mag keine Gemeinheiten bei anderen.

Jemand, der seine Ideale, seinen Sinn für Spaß und seine Lebensfreude teilt, wäre der perfekte Begleiter.

Feuer-Tiger

Der Feuertiger ist optimistisch, aber schwach, wenn es um Selbstbeherrschung geht, denn für ihn ist der beste Moment die Gegenwart. Sie sind enthusiastisch, so dass sie eine Menge Fehler machen.

Feuertiger sind sehr selbstständig und geben niemals vor irdischen Hindernissen oder Problemen nach. Niemand kann sich vorstellen, was sie wegen ihres vagabundierenden Lebensstils denken.

Der Feuertiger ist ein natürlicher Führer in jedem Beruf, er ist witzig und fröhlich, immer bereit, alle mit seiner unerschöpflichen Energie anzustecken.

Er hat Vertrauen in seine Fähigkeiten, tut fleißig nur das, was ihm gefällt, und wenn das nicht klappt, hat er keine Angst, er ist nicht enttäuscht, im Gegenteil, er geht weiter auf seine Ziele zu.

Bei all seinen Zielen hat der Feuertiger nicht immer die Unterstützung der anderen, weil sie ihn nicht immer verstehen, und das Schlimmste ist, dass sie Angst haben, es zu zeigen.

Für den Feuertiger ist es schwierig, seiner Aufregung und seiner enormen Laune zu widerstehen, weshalb er immer zum Handeln bereit ist.

Er liebt es, in Bewegung zu sein, neue Eindrücke zu erleben und spannende Entdeckungen zu machen.

Sie können sich sicher sein, dass Sie immer lebendig und einflussreich sein werden. Das Element Feuer macht den Tiger noch ausdrucksstärker.

Dieser Tiger kann jeden beeindrucken. Er weiß genau, wie er seine Energie bei der Arbeit einsetzen kann und wie er seine Ziele erreichen kann.

Er kanalisiert ständig seine intensive Energie und setzt seine Ideen schnell in die Tat um. Gelegentlich ist er übertrieben dramatisch.

Er ist mächtig und anständig. Er ist sehr fröhlich und lehnt nur ungern ab, wenn er um einen Gefallen gebeten wird.

Er hat immer Ziele vor Augen, und wenn er sie erreicht hat, beginnt er schnell ein neues Ziel.

Erd Tiger

Erd Tiger sind nachdenklich, so dass sie ihre Gedanken problemlos ausdrücken können. Sie sind objektiv und ausgeglichen, haben feste Überzeugungen und besitzen das Potenzial, die Wahrheit zu finden.

Erdtiger konzentrieren sich immer nur auf eine Sache und nehmen die Dinge nicht gerne auf die leichte Schulter. Wegen ihrer magnetischen Ausstrahlung werden sie von anderen Menschen immer anders gesehen.

Der Erdtiger ist unglaublich glücklich und berühmt. Er ist immer von Freunden und Partnern umgeben, denen er gerne dient. Der Erdtiger ist gelassen, ernsthaft und kümmert sich um sein Prestige. Er sollte lernen, die Meinung anderer zu berücksichtigen, denn das würde ihm das Leben leichter machen.

Dieser Tiger hat ein heiteres und besonnenes Temperament. Er geht liebevoll mit Menschen um, ist geschickt und objektiv in seinem Handeln. Er strebt nach Erfolg, zieht keine voreiligen Schlüsse und verliert selten die Geduld. Die Menschen in seinem Umfeld wissen, dass er vernünftig und scharfsinnig ist.

Das Erdelement in Verbindung mit dem Tiger verleiht Ihnen eine stabile Persönlichkeit, die Ihnen eine größere Konzentration ermöglicht, wodurch Sie schneller und objektiver arbeiten können. Sie beobachten die Umstände, die Ihnen widerfahren, mit einem Röntgenblick und lassen nur selten zu, dass Emotionen Ihre Sicht vernebeln.

Der Erdtiger setzt seine Talente und Fähigkeiten in den Bereichen ein, mit denen er gut verbunden ist und die ihm ein beträchtliches Einkommen bringen können.

Gelegentlich ist der Erdtiger in seinem Stolz übertrieben und unsensibel, vor allem wenn er in etwas vernarrt ist.

Vorhersagen für 2024

Tiger

Das Jahr des Holzdrachen bringt Hindernisse für den beruflichen Bereich des Tigers. Es ist besonders wichtig, dass Sie keine Fehler machen, wenn Sie auf diese Schwierigkeiten stoßen. Sie müssen ruhig bleiben und Ihre Weisheit einsetzen.

Sie sollten sich nicht auf Diskussionen mit Ihren Arbeitskollegen oder Kunden einlassen, um negative Auswirkungen zu vermeiden. Tiger sind für ihr selbstbewusstes Wesen bekannt, diese Eigenschaft wird sich noch verstärken, und sie werden dazu neigen, Risiken einzugehen.

Sie können erfolgreich sein, wenn sie ihren Kampfgeist beibehalten und in diesem Jahr neue Kontakte oder einflussreiche Verbindungen knüpfen.

Diejenigen, die einen festen Arbeitsplatz haben, werden einige schwierige Monate erleben und Geduld im Umgang mit ihren Chefs brauchen.

Tiger haben einen ausgeprägten Sinn für Finanzen, und das Jahr des Drachen könnte ihnen die Möglichkeit bieten, ihre Finanzen zu verbessern. Allerdings sollten sie ihre Finanzen klug verwalten, geeignete Gelegenheiten wahrnehmen und impulsive Ausgaben vermeiden.

Das Jahr des Drachen ist immer vielversprechend, aber es kann auch Herausforderungen mit sich bringen, die die Anpassungsfähigkeit der Tiger auf die Probe stellen. Es ist ein Jahr, um neue Horizonte zu erkunden. Man sollte sich auf seine Aufgaben konzentrieren, es ist nicht die Zeit, seine Energien zu zerstreuen oder sich von unnützen Dingen ablenken zu lassen, es ist die Zeit, Erfahrungen zu sammeln.

Diejenigen, die sich in der Anfangsphase einer Beziehung befinden oder eine solche im Jahr des Hölzernen Drachen beginnen, sollten der Beziehung Zeit lassen, sich zu entwickeln. Wenn Sie in der Anfangsphase überstürzt handeln oder Erwartungen haben, könnte das zu Schiffbruch führen.

Für diejenigen, die einen Partner haben, kann das Jahr arbeitsreich und interessant sein. Es wird nicht nur Pläne und Hoffnungen geben, die man miteinander teilen kann, sondern auch neue Möglichkeiten, da sich die Situationen ändern. Man muss kommunikativ sein und die Dinge mit dem Partner besprechen, teilen und gemeinsame Anstrengungen unternehmen.

Ihr Charisma wird unwiderstehlich sein, aber wenn Sie in einer Beziehung sind, sollten Sie sich auf die Vertiefung emotionaler Beziehungen konzentrieren.

Sie müssen ernsthaft mit den Menschen sprechen, die Ihnen in Ihrem Leben Probleme bereitet haben, denn obwohl es ein Jahr ist, um Freundschaften zu stärken, müssen Sie sich von denen trennen, die nichts Positives zu Ihrem Leben beitragen.

Tigern wird geraten, Stress zu bewältigen und sich täglich zu bewegen, um ihre körperliche und geistige Gesundheit zu erhalten. Meditation kann ihnen helfen, ihr allgemeines Wohlbefinden zu verbessern. Sie sollten mit dem Rauchen aufhören und ihren Geist stärken.

Vorbeugen ist besser als heilen, deshalb sollten Sie im Falle einer Krankheit sofort einen Spezialisten aufsuchen. Achten Sie auf Ihr Energieniveau.

Eine ausgewogene Ernährung und regelmäßige Bewegung tragen zu Ihrem allgemeinen Wohlbefinden bei. Nehmen Sie an Aktivitäten teil, die Ihren Geist stimulieren. Üben Sie Achtsamkeit, um Stress abzubauen. Achten Sie auf ein ausgewogenes Verhältnis zwischen Arbeit und Erholung, um eine optimale Gesundheit zu erhalten.

Dekorieren Sie Ihr Zuhause nach Feng-Shui

Feng Shu ist eine chinesische Philosophie, die sich mit der Umwelt befasst und auf der Theorie von Yin und Yang und den fünf Elementen basiert.

Experten haben gezeigt, dass im alten China regelmäßig Gebiete gewählt wurden, die von Bergen umgeben sind und einen Fluss haben. Dies lag nicht nur daran, dass diese Gebiete die wichtigsten Kriterien für das Überleben darstellten, sondern auch daran, dass sie den vom Feng-Shui festgelegten Mustern entsprachen.

Die Hauptidee des Feng-Shui ist es, ein Gleichgewicht zwischen dem Menschen und dem Universum herzustellen. Wenn es gute Energien gibt, gibt es ein Gleichgewicht, da Feng-Shui das Schicksal eines jeden Menschen beeinflusst.

*Durch das Studium des Feng-Shui können
die Menschen an ihrer Kompatibilität mit
der Natur, ihrer Umgebung und ihrem
Leben arbeiten, um mehr Wohlstand und
Gesundheit im Leben zu erreichen.*

Theorie der fünf Elemente

*Die Theorie der fünf Elemente ist ein
Bestandteil des Feng-Shui. Diese Elemente
sind wichtig für die Bestimmung des
richtigen Feng-Shui in jedem Raum. Diese
Elemente sind Feuer, Erde, Metall, Wasser
und Holz, und jedes hat eine Besonderheit,
die bestimmte Aspekte des Lebens
symbolisiert.*

*Die Fünf Elemente sind der Ausdruck, der
im Feng-Shui verwendet wird, um die
Struktur der Natur zu erklären, und diese
Elemente wirken zusammen und müssen
immer ausgeglichen sein.*

Feng-Shui für die zwölf Zeichen des chinesischen Horoskops

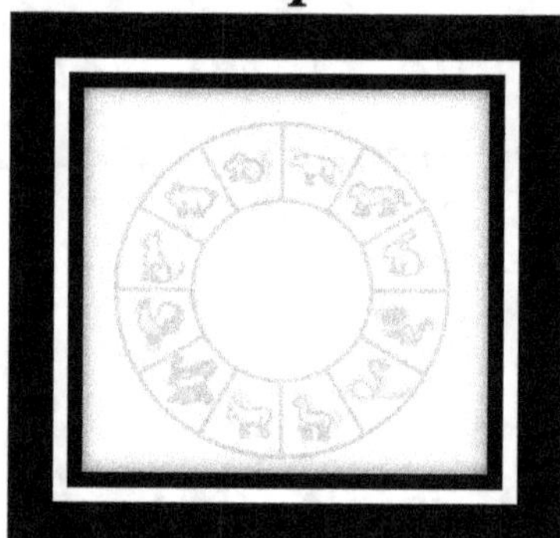

Das Zeichen der Ratte

Wasser begünstigt Menschen, die im Zeichen der Ratte geboren sind; es hilft ihnen, Wohlstand zu erlangen. Um Reichtum zu erlangen, sollten sie ein Goldfischbecken im nördlichen Teil ihres Büros aufstellen.

Das Zeichen des Ochsen

Menschen dieses Zeichens werden Wohlstand erreichen, wenn sie das Element Feuer nutzen. Um dies zu erreichen, sollten sie Porzellan- oder Keramikartikel in ihren

Unternehmen oder Büros und in ihren Häusern aufstellen.

Das Zeichen des Tigers

Das Erdelement ist dasjenige, das Personen, die dem Zeichen des Tigers angehören, verwenden sollten. Sie sollten etwas Relevantes hinzufügen, dass dieses Erdelement symbolisiert. Eine Topfpflanze oder eine natürlich wachsende Blume kann Wohlstand in ihr Leben bringen.

Das Zeichen des Hasen

Um Glück und Fülle anzuziehen, brauchen Menschen mit dem Zeichen Hase ein geheimes Erdelement in ihrem Leben. Sie sollten eine Jade oder einen Citrin-Quarz im nordöstlichen Teil Ihres Hauses oder Büros verstecken.

Das Zeichen des Drachen

Der Nordwesten ist hervorragend für diejenigen, die im Zeichen des Drachen geboren sind. In diese Richtung sollten sie eine Schale mit klarem Wasser, vermischt mit ein wenig Erde, stellen. Eine andere Möglichkeit ist, eine Lotusblume in eine Schale zu legen.

Das Zeichen der Schlange

Menschen, die dem Zeichen der Schlange angehören, werden zu Wohlstand kommen, wenn sie Metallgegenstände, insbesondere Gold und Silber, in ihrem Haus oder Büro verwenden.

Das Zeichen des Pferdes

Der Nordwesten ist die empfohlene Position für Menschen mit dem Zeichen des Pferdes, um ein großes Kapital zu erhalten. Sie sollten einen Metallfrosch im Nordwesten ihres Hauses oder Geschäfts platzieren.

Das Zeichen der Ziege

Norden ist die geeignete Himmelsrichtung für Menschen, die im Zeichen der Ziege geboren sind. Sie sollten eine kleine Holzkiste oder einen anderen hölzernen Gegenstand im Norden ihres Büros oder ihrer Wohnung aufstellen.

Wenn sie eine Holzkiste verwenden, sollten sie einen Gegenstand, der mit ihrem Beruf zu tun hat, in die Kiste legen. Ein Schriftsteller kann zum Beispiel einen Bleistift in die Kiste legen.

Das Zeichen des Affen

Damit Wohlstand in das Leben von Menschen kommt, die im Zeichen des Affen geboren sind, sollten sie eine Pflanze in *ihrer Größe oder größer in dieser Himmelsrichtung auf der Westseite des Hauses oder des Unternehmens aufstellen.*

Das Zeichen des Hahns

Wer dem Sternzeichen Hahn angehört, hat Glück, wenn er einige Samen in ein Glas, eine Flasche oder eine Schale von dunkelroter Farbe legt. Sie sollten kein Metall verwenden.

Das Zeichen des Hundes

Menschen, die dem Zeichen des Hundes angehören, sollten in ihrem Leben auf die Elemente Wasser und Erde verzichten. Sie können Baumstämme oder Pflanzenzweige in ihr Büro oder ihre Wohnung stellen, aber sie können sie nicht in Wasser oder Erde stellen.

Das Zeichen des Schweins

Menschen, die im Zeichen des Schweins geboren sind, brauchen das Element Feuer in ihrem Leben, um Glück zu haben. Sie können ein Keramiktablett oder andere Gegenstände aus Ton in ihrem Haus aufstellen.

Feng-Shui 2024

Im Jahr des Drachen sollten Sie Perlenarmbänder oder Armreifen tragen.

Sie sollten ein Amulett mit einer Drachenfigur oder ein Feng-Shui-Glücks-Windspiel mit Kristallen aufstellen und es im Südosten Ihres Hauses oder im Familienbereich Ihres Schlafzimmers oder Büros platzieren.

Vergessen Sie nicht, Ihre Wohnung mit Grünpflanzen, Naturblumen in verschiedenen Farben, Fotos, Bildern oder Darstellungen zu dekorieren, die Landschaften und Gärten charakterisieren.

Sie sollten auch hölzerne Dekorationen verwenden und keine Fotos von verstorbenen Familienmitgliedern neben die aktuellen Familienfotos stellen, da die Schwingung dieser Fotos schmerzhaft ist und Ihnen Energie raubt.

Das chinesische Neujahrsfest hat viele Traditionen, um das Alte zu verabschieden und Platz für das Neue zu machen. Eine Tradition, die wir empfehlen, ist, am ersten Tag des chinesischen Mondneujahrs nicht in der heimischen Küche zu kochen, da es Unglück bringt, scharfe Instrumente wie Messer herauszunehmen. Dies kann das Glück für den Rest des Jahres schmälern.

Die ersten 15 Tage des chinesischen Neujahrsfestes werden gefeiert, und obwohl es stimmt, dass uns manchmal die Zeit dazu fehlt, ist es ratsam, sich im Voraus darauf vorzubereiten.

Wenn Sie es schaffen, im Voraus vorbereitet zu sein, wird dies Ihnen helfen, Wohlstand anzuziehen. Beginnen Sie in diesem Jahr zwei Tage vor dem chinesischen Neujahrsfest, also am Donnerstag, dem 8. Februar 2024, mit einer gründlichen Reinigung Ihres Hauses. Vergessen Sie nicht, dass es Unglück bringt, am ersten Tag des neuen Jahres zu putzen, weil Sie damit Ihr ganzes Glück aus der Haustür fegen würden.

Am Abend vor dem chinesischen Neujahrsfest, am Freitag, dem 9. Februar 2024, sollten Sie alle Ihre Ziele für das Jahr planen und aufschreiben, falls Sie dies nicht schon am 1. Januar getan haben.

Schreiben Sie nach dem Neumond am Freitag, den 09.02.2024 um 17:58 Uhr EST absolut alle Ihre Wünsche auf. Welche Ziele wollen Sie in Ihrem Berufsleben, in Ihrem Finanzbereich, in Ihrem Liebesleben und in Ihrem Familienleben erreichen? Schreiben Sie eine Liste für jeden Bereich Ihres Lebens, den Sie verbessern möchten.

Wenn du eine Holztruhe kaufen kannst, wäre das ideal, denn darin kannst du deinen Wunschzettel zusammen mit einem Pyrit quarz und einem Citrin aufbewahren, die als Steine bekannt sind, die Wohlstand und Fülle anziehen. In die Truhe sollten Sie drei chinesische Münzen legen, denn sie sind traditionelle Symbole des Überflusses.

Alles, was Sie in diese Truhe legen, wird Ihre Wünsche schützen und die Wohlstandsenergien verstärken. Sie sollten diese Truhe an einem besonderen und sicheren Ort aufbewahren, am besten an einem hoch gelegenen Ort, denn so können Sie positive Energien von einer prominenten Stelle aus anziehen.

Vergessen Sie nicht, neue Kleidung zu tragen, denn sie steht für die neuen Energien, die Sie in Ihr Leben holen wollen. Sie sollten einige rote Details tragen.

Besonders am Neujahrstag sollten Sie versuchen, sich nicht aufzuregen. Wenn möglich, nehmen Sie sich an diesem Tag frei, damit Sie keine Angst vor dem Verkehr haben oder sich Sorgen machen müssen. Denken Sie daran, auf dem Markt eine Tüte Orangen zu kaufen, denn das symbolisiert den Eintritt von Wohlstand in Ihr Haus im neuen Jahr.

Ratschläge für das Jahr 2024

Dies ist ein spektakuläres Jahr für Ihr persönliches Wachstum, deshalb sollten Sie die sich bietenden Gelegenheiten nutzen und nicht nur Ihre Fähigkeiten ausbauen, sondern auch neue erlernen.

Alles, was Sie in diesem Jahr 2024 tun, wird eine Investition in Ihre Zukunft sein. Es wird ein furchtbar arbeitsreiches Jahr sein, aber die Energien sind ermutigend, denn das Jahr des Drachen wird Ihnen die Gelegenheit geben, die Sie brauchen, um erfolgreich zu sein. Um davon zu profitieren, müssen Sie sich jedoch über alle Optionen, die Ihnen zur Verfügung stehen, beraten lassen und alle Möglichkeiten analysieren.

Sie müssen aufmerksam sein und bereit, sich alle Ratschläge und Hilfen anzuhören. Mit Willenskraft und Initiative werden sich neue Türen für Sie öffnen.

In diesem Jahr des Drachen gibt es viel zu lernen, aber wenn Sie die Herausforderung annehmen, können Sie nicht nur in Ihrem Beruf vorankommen und Ihr Einkommen steigern, sondern auch wertvolle Erfahrungen sammeln.

Im Jahr des Drachen werden Sie sich nicht nur an größeren finanziellen Gewinnen erfreuen, sondern mit Ihrer unternehmerischen Natur auch ein Hobby finden, das Ihnen Wohlbefinden bringt.

Allerdings müssen Sie bei Ihren Ausgaben diszipliniert vorgehen und Ihr Budget sorgfältig planen, vor allem, wenn Sie an außergewöhnlich umfangreichen Transaktionen teilnehmen.

Wenn Sie im Laufe des Jahres Verträge unterzeichnen oder wichtige Vereinbarungen treffen müssen, sollten Sie die Bedingungen und alle Auswirkungen prüfen.

Um Ihre beste Leistung zu erbringen, sollten Sie einen ausgewogenen Lebensstil pflegen, Sport treiben, Ihren Schlafrhythmus einhalten und sich gesund ernähren. Es wird von Vorteil sein, wenn Sie neue Freunde finden.

Im Jahr des Drachen kann das Leben geheimnisvoll wirken und zufällige Ereignisse anziehen, die Ihnen viele Möglichkeiten eröffnen. Der Zufall spielt in diesem Jahr eine Schlüsselrolle in deinem Leben und verändert deine wirtschaftliche Situation. Ab Mai wird es eine Menge sozialer Aktivitäten geben, und Sie werden viel Spaß haben können.

Es wird ein lohnendes Jahr, in dem es Entscheidungen zu treffen, Anschaffungen zu tätigen und Vergnügungen zu genießen gilt.

Diejenigen, die einen Partner haben, werden feststellen, dass sie mehr Erfolg haben, wenn sie sich zusammenschließen.

Es ist ein Jahr, in dem die Fähigkeit, Gelegenheiten wahrzunehmen, viele Vorteile bringen wird. Das Jahr des Drachen hat ein enormes Potenzial, also bleiben Sie offen für Gelegenheiten und seien Sie bereit für Veränderungen und Anpassungen. Das Jahr des Drachen wird Unternehmer belohnen.

Kombination der Tierkreiszeichen mit dem chinesischen Horoskop

Wenn man östliche und westliche Horoskope kombiniert, ist es erstaunlich, wie sehr sie miteinander verbunden und genau sind.

Chinesische und westliche Horoskope sind die am häufigsten verwendeten Horoskope. Wenn Sie die Möglichkeit haben, sie gründlich zu verstehen, wird es für Sie einfacher sein, sie zu nutzen und einen zentralen Ansatz zu haben.

Beide Horoskope basieren auf der Position der Sterne, aber im chinesischen Horoskop werden 28 Konstellationen verwendet, im westlichen Horoskop 88.

Beide haben 12 wesentliche Segmentierungen. Das chinesische Horoskop basiert auf 12 Tieren, die jedes Jahr regieren, und das westliche Horoskop basiert auf 12 Zeichen, die jeden Monat regieren.

Das chinesische Horoskop basiert auf dem Mondkalender und ist das älteste bis heute bekanntes Horoskop. Ihr Tierkreiszeichen stimmt mit Ihrem Zeichen im chinesischen Horoskop überein, aber das kommt nicht oft vor.

Wäre dies der Fall, wären die Vorhersagen genauer.

 Zwischen den Zeichen beider Horoskope besteht eine Gleichwertigkeit:

Widder/Drache

Stier/Serpent

Zwillinge/Pferd

 Krebs/ Ziege

 Löwe / Affe

Jungfrau/Hahn

 Waage / Hund

Skorpion / Schwein

Schütze / Ratte

Steinbock/Ochse

Wassermann/Tiger

Fische / Kaninchen

Kombinationen

Tiger

Widder/Tiger

Diese Kombination ist typisch für die energiegeladensten Menschen, die es gibt. Sie ruhen sich nicht aus, selbst wenn sie schlafen, denn ihre Zeit ist in jeder Hinsicht wertvoll. Sie sind hochintelligent und ehrgeizig und finden immer einen Weg, ihre Ziele zu erreichen.

Die Stille ist ihr Feind, denn sie müssen ständig in Bewegung sein. Sie empfinden nie Angst oder Zweifel, sie gehen einfach mutig voran. Sie verstehen sich gut mit ihren Freunden und haben eine charmante und freundliche Persönlichkeit.

Stier /Tiger

Diese Kombination ergibt einen temperamentvollen Menschen, der immer versucht, seine Gefühle nicht zu zeigen. Übermäßig vorsichtig, können sie die Kontrolle verlieren, wenn mit Ungerechtigkeit konfrontiert. Obwohl Stier die starrköpfige Energie des Tigers zügelt, sollte man ihm nie seine Meinung aufdrängen. Sie sind ausgeglichen und schützen ihre Ehre mit großer Umsicht.

Zwillinge/Tiger

Diese Mischung gibt Menschen mit einer Quelle von Ideen und Projekten, oft unerreichbar. Sie sind sehr gedankenlos, aber sind mit großer Vitalität und Begeisterung ausgestattet. Der Mut des Tigers schützt die Zwillinge vor unüberlegten Entscheidungen. Sie sind furchtlose Menschen und betrachten alles, was ihnen widerfährt, mit Optimismus. Sie sind immer experimentierfreudig, weil sie keine Angst vor Risiken haben. Sie verfügen über eine unerschöpfliche Energiequelle, um alle ihre Pläne zu verwirklichen.

Krebs/Tiger

Hier prallen Gegensätze aufeinander, Macht und Faulheit, Mut und Zerbrechlichkeit. Dieser Kampf hat einen außerordentlich starken Einfluss auf das Leben dieser Menschen.

Es handelt sich um Menschen mit unberechenbarem Temperament, die aus diesem Grund auch unter den unbedeutendsten Schwierigkeiten erbärmlich leiden. Sie sind unsicher und immer zögerlich, da sie sehr zurückhaltend sind und niemanden um Rat fragen oder ihn annehmen.

Löwe/Tiger

Diese Vereinigung ist außerordentlich stark und mächtig. Sie sind unverwundbar, sie haben vor nichts und niemandem Angst. Sie sind ehrgeizig und handeln immer mit Kühnheit und Präzision.

Sie sind umhüllend und charismatisch, sie wissen, wie man die Liebe und Freundschaft eines jeden gewinnt. Trotz ihres Stolzes zögern sie nie, freundlich zu sein.

Jungfrau/Tiger

Diese Mischung ergibt einen sensiblen Menschen, ein Modell der Vollkommenheit. Sein Verhalten ist perfekt, verursacht Faszination und Respekt. Sie können ihm vertrauen, denn wenn er Ihnen hilft, tut er es aus seinem Herzen.

Er konzentriert sich nie auf das Negative, im Gegenteil, er versucht immer, Sie mit einem höflichen Wort zu unterstützen. Er ist ein

Psychologe und ein Lebenskünstler mit der Fähigkeit, das Wesentliche der Dinge zu sehen.

Mit Freude weiß er immer, dass es für jedes Problem eine Lösung gibt.

Waage/Tiger

Freundliche, sanfte und höfliche Waagen/Tiger sind ausgezeichnete Gesprächspartner. In ihrer Gesellschaft zu sein ist nicht nur angenehm, sondern auch sicher. Sie werden nie mit einem unhöflichen Wort beleidigen, sie werden verstehen, trösten und sicherlich wertvolle Ratschläge geben. Der edle und starke Tiger ist der diplomatischen Waage unterlegen und neigt zu langen Überlegungen. Daher sind Menschen dieses Zeichens weniger energisch, aber nachdenklicher und ausgeglichener als die übrigen Tiger. Sie haben nicht das Bedürfnis, ihren Standpunkt durchzusetzen, sie verschwenden ihre

Energie nicht für Kleinigkeiten. Aber sie sind heiter, fröhlich, sie lieben es, zu reden und sich mit schönen Dingen und netten Menschen zu umgeben. Tiger/Libellen streben in allem nach Harmonie, sie versuchen, mit sich selbst und der Welt um sie herum in Einklang zu leben.

Skorpion/Tiger

Diese Kombination gibt Individuen mit einem rebellischen und wilden Willen. Jedes dieser Zeichen ist super autark und das macht die Person entschlossen. Sie sind davon überzeugt, dass sie erfolgreich sind und positiv begrüßen jede Veränderung.

Sie sind deines Vertrauens würdig, weil sie ein Herz aus Honig besitzen. Ihre Ehrlichkeit und ihr Wunsch zu dienen, machen alle Menschen in ihrer Umgebung glücklich.

Schütze /Tiger

Diese Mischung gibt Menschen, die Angstzustände und Depressionen verabscheuen. Sie sind zu optimistisch, um sich in solche traurigen Gedanken zu verstricken. Sie haben ein Talent für die Überwindung von Schwierigkeiten und sind immer fröhlich.

Die Menschen lieben sie, weil sie sehr kontaktfreudig und freundlich sind und die Fähigkeit haben, Kritik mit Anstand anzunehmen. Nichts auf dieser Welt ändert den jugendlichen Charakter dieser Menschen.

Steinbock / Tiger

Wenn diese beiden Zeichen konjugiert sind, hat die Person eine starke Kontrolle über sich selbst. Alle Schwierigkeiten werden ruhig und intelligent gemeistert.

In seinem Verhaltenshandbuch gibt es kein Wort Verrat, er ist überaus freundlich, höflich und hilfsbereit. Er misstraut Gelegenheiten und zeigt deshalb ein schüchternes Auftreten.

Wassermann/Tiger
Diese Kombination schwitzt vor Freude, in seiner Nähe zu sein gibt viel Frieden und Glück. Er ist optimistisch, weckt Vertrauen und wird sehr geliebt. Er kommt mit dem Alleinsein zurecht und sucht nicht nach Unterstützung. Wassermann ist kreativ, hat eine unkonventionelle Mentalität.

Tigerqualitäten werden neutralisiert, wenn sie die Intellektualität der Wassermänner annehmen. Sie denken frei und streben nie nach Macht.

Fische/Tiger

Diese Menschen haben Angst vor Veränderungen, machen sich keine Sorgen und sind in der Lage, entschlossen zu handeln. Sie sind sentimental und von Natur aus großzügig, empfinden nie Neid und haben den angeborenen Wunsch, den Bedürftigen zu dienen.

Sie sind nicht naiv, deshalb werden sie nicht denen helfen, die es nicht verdient haben. Sie haben eine immense Intuition, die es ihnen erlaubt, in ihrem Handeln keine Fehler zu machen. Sie sind sehr zurückhaltend mit ihren persönlichen Problemen.

Rituale zum Beginn des chinesischen Neujahrs 2024

Das chinesische Neujahrsfest sollte mit Freude, Musik und einem üppigen Familienessen begrüßt werden. Es ist eine Zeit, in der man feiert und sich auf Glück und Wohlstand für das kommende Jahr konzentriert.

Sie sollten neue Kleidung **tragen**, denn dies symbolisiert einen Neuanfang. Eine klangvolle Farbe wie Rot, die für Harmonie, Glück und Wohlbefinden steht, ist für diesen Tag ideal. Vermeiden Sie es, Weiß oder Schwarz zu tragen, wenn Sie auf das neue Jahr warten, da dies die Farben sind, die man normalerweise zu Beerdigungen trägt.

Um sich auf das chinesische Neujahr vorzubereiten, ist eine Reinigung in Form eines Rituals sinnvoll. Diese Reinigung soll böse Geister abwehren, die sich vielleicht in den Ecken des Hauses verstecken. In der

Regel werden Möbel ausgetauscht oder umgestellt, die Farbe im Haus aufgefrischt, Schäden repariert und die Fenster mit viel Wasser gewaschen.

Am selben Abend, bevor das neue Jahr beginnt, sollten Sie Ihr Haus putzen, alle Fenster zum Lüften öffnen und weiße und rote Blumen in allen Gemeinschaftsbereichen Ihres Hauses aufstellen.

Speziell am Eingang sollten Sie Zimt, Sandelholz, Eukalyptus oder Lavendel räuchern oder Lorbeerblätter verbrennen. Lorbeer ist eine Pflanze, die schützen, reinigen und heilen kann. Eine weitere Möglichkeit, positive Energien in Ihr Haus zu holen, ist die Kombination von Zimt und Lorbeerblättern. Verbrennen Sie Lorbeerblätter und bestreuen Sie sie mit

Zimtpulver. Wenn diese Mischung angezündet ist, verteilen Sie den Rauch in den Räumen Ihres Hauses.

Sie müssen das Haus gut räuchern. Sahumar ist das Erzeugen von Rauch mit Hilfe von Weihrauch, um die Umgebung zu aromatisieren und als Instrument der Reinigung und Entschlackung zu nutzen.

Ihre Besonderheit ist, dass sie einen angenehmen Duft verströmen, dem eine entspannende Wirkung nachgesagt wird.

Viele Menschen verwenden Räucherstäbchen, um die energetischen Schwingungen in ihrem Haus zu verändern.

Wenn Sie ein Räucherstäbchen haben, das Sie im Haus herumreichen, denken Sie daran, kreisende Bewegungen nach rechts zu machen.

Wenn Sie einen persönlichen Bereich reinigen wollen, sollten Sie mit Ihrem eigenen Körper beginnen, von den Füßen *bis zum Kopf, und dann zum Herzen zurückkehren, wobei Sie immer leichte Kreise ziehen.*

Da dies das Jahr des Grünen Holzdrachen ist, ist es ratsam, ein Paar Holzdrachen in Ihrem Haus zu haben. Wenn Sie diese Möglichkeit nicht haben, können Sie sie mit Bildern, Porträts oder Figuren symbolisieren.

Eine weitere Empfehlung für das Jahr 2024 ist es, einige Wände Ihres Hauses grün zu streichen.

Diese Farbe symbolisiert Wohlstand für dieses Jahr. Übersättigen Sie Ihr Haus nicht mit Grün, denken Sie daran, das Gleichgewicht zu halten. Wenn Sie es mit Grün übertreiben, werden Sie Stress in Ihr Leben ziehen.

Eine Möglichkeit oder Option ist es, sie mit Ihnen zu tragen, als Armband, Anhänger Ohrringe, Pendel, Schläfer, auf einem Ring, Schlüsselanhänger oder Talisman in Ihrer

Tasche oder Handtasche, wird dies eine Assoziation von Reichtum, Schutz und viel Glück in Ihrem Leben, zu Hause oder im Büro bilden.

Wenn Sie einige Pflanzen wie Lavendel, Raute oder die Geldpflanze kaufen können, die die Fähigkeit haben, Fülle zu erzeugen, zusätzlich zu ihrer Kraft, schlechte Schwingungen zu vertreiben und umzuwandeln, werden Sie es nicht bereuen.

Da Wasser das Element ist, das das Holz ergänzt, wird ein Wasserbrunnen am Eingang Ihres Hauses Wohlstand anziehen. Vergessen Sie nicht, dass das Wasser nach innen fließen sollte.

 Wenn Sie einen Wasserbrunnen in den Wohlstandsbereich Ihres Hauses stellen, der sich von der Eingangstür aus gesehen auf der linken Seite hinten befindet, werden Sie viele materielle Vorteile haben.

Zusammen mit Grün ist Rot die Glücksfarbe für das Jahr 2024, du solltest sie in deinem

Haus verwenden, um die Energien des Glücks zu aktivieren. Sie können Rot auf Ihrer Kleidung oder mit einem anderen Kleidungsstück wie einem Schal, einer Mütze oder einem Armband tragen, damit Sie Geld anziehen können.

Das chinesische Neujahrsfest sollte mit Freude, Musik und einem üppigen Familienessen begrüßt werden. Es ist eine Zeit, in der man feiert und sich auf Glück und Wohlstand für das kommende Jahr konzentriert. **Man sollte** neue Kleidung tragen, denn sie symbolisiert einen Neuanfang.

Eine klangvolle Farbe wie Rot, die für Harmonie, Glück und Wohlbefinden steht, eignet sich hervorragend für diesen Tag.

Vermeiden Sie es, Weiß oder Schwarz zu tragen, während Sie auf das neue Jahr warten, da dies die Farben sind, die man normalerweise zu Beerdigungen trägt.

Um sich auf das chinesische Neujahr vorzubereiten, ist es sinnvoll, eine Reinigung in Form eines Rituals durchzuführen. Diese Reinigung soll böse Geister abwehren, die sich vielleicht in den Ecken des Hauses verstecken. Normalerweise werden die Möbel ausgetauscht oder umgestellt, die Farbe im Haus ausgebessert, Schäden repariert und die Fenster mit reichlich Wasser gewaschen.

Über den Autor

Zusätzlich zu ihren astrologischen Kenntnissen verfügt Alina A. Rubi über eine umfangreiche berufliche Ausbildung; sie hat Zertifizierungen in Psychologie, Hypnose, Reiki, bioenergetischer Kristallheilung, Engelsheilung, Traumdeutung und ist spirituelle Lehrerin. Sie verfügt über Kenntnisse in der Gemmologie, die sie nutzt, um Steine oder Mineralien zu programmieren und sie in kraftvolle Amulette oder Talismane des Schutzes zu verwandeln.

Ruby hat einen praktischen und zielgerichteten Charakter, der es ihr ermöglicht hat, eine besondere und integrierende Vision von mehreren Welten zu haben, die Lösungen für spezifische Probleme erleichtert. Alina schreibt die monatlichen Horoskope für die Website der Amerikanischer Verband der Astrologen;

Sie können sie auf der Website www.astrologers.com lesen. Zurzeit schreibt sie eine wöchentliche Kolumne in der Zeitung El Nuevo Herald über spirituelle Themen, die jeden Freitag in digitaler Form und montags in gedruckter Form erscheint. Er hat auch ein Programm und ein wöchentliches Horoskop auf dem YouTube-Kanal dieser Zeitung. Ihr Astrologisches Jahrbuch wird jedes Jahr in der Zeitung "Diario las Américas" unter der Rubrik Rubí Astrologa veröffentlicht.

Rubi hat mehrere Artikel über Astrologie für die Monatszeitschrift "Der Astrologe von heute" verfasst und Kurse in Astrologie, Tarot, Handlesen, Kristallheilung und Esoterik gegeben. Er hat ein wöchentliches Video über Astrologie-Themen auf dem YouTube-Kanal des New Herald. Sie hatte ihre eigene Astrologie Sendung, die täglich auf Flamingo T.V. ausgestrahlt wurde, wurde von mehreren Fernseh- und Radiosendungen interviewt und veröffentlicht jedes Jahr ihr "Astrologisches Jahrbuch" mit dem Horoskop nach Sternzeichen und anderen interessanten mystischen Themen.

Sie ist Autorin der Bücher "Reis und Bohnen für die Seele" Teil I, II und III, einer Zusammenstellung von esoterischen Artikeln, die in englischer und spanischer Sprache veröffentlicht wurden, "Geld für alle Taschen", "Liebe für alle Herzen", "Gesundheit für alle Körper", "Astrologisches Jahrbuch 2021", "Horoskop 2022", "Rituale und Zaubersprüche für den Erfolg im Jahr 2022 - Zaubersprüche und Geheimnisse", "Astrologie-Kurse", "Rituale und Zaubersprüche 2024" und "Chinesisches Horoskop 2024", alle in sieben Sprachen erhältlich.

Sie hat einen YouTube-Kanal mit Themen zu Psychologie, Esoterik und Astrologie, wo man Videos zu Seelenverwandtschaft, Reinkarnation, Körpersprache, Astralreisen,

bösem Blick, Zaubersprüchen und vielen
anderen Themen sehen kann.

Rubi spricht fließend Englisch und Spanisch
und vereint in ihren Lesungen alle ihre
Talente und Kenntnisse. Sie wohnt derzeit in
Miami, Florida.

Weitere Informationen finden Sie auf der
Website www.esoterismomagia.com.

Angeline A. Ruby ist die Tochter von Alina
Ruby. Seit ihrer Kindheit interessiert sie sich
für alle esoterischen Themen und praktiziert
Astrologie und Kabbala, seit sie vier Jahre
alt ist. Sie verfügt über Kenntnisse in Tarot,
Reiki und Gemmologie. Sie ist nicht nur die
Autorin, sondern auch die Herausgeberin
aller von ihr und ihrer Mutter
veröffentlichten Bücher.

Für weitere Informationen kontaktieren Sie
sie bitte per E-Mail:
rubiediciones29@gmail.com